PLEASE DON'T
JUST DO WHAT I TELL YOU,
DO WHAT NEEDS TO BE DONE

不要只做**我告诉你的事**，
请做**需要做的事**

[美]鲍勃·尼尔森◎著

李贵莲◎译

ZHEJIANG UNIVERSITY PRESS
浙江大学出版社

目录

PLEASE DON'T
JUST DO WHAT I TELL YOU,
DO WHAT
NEEDS TO BE DONE

第 1 篇

导　言：

做自身经历的主宰者// 11

第 2 篇

终极期望：

请做需要做的事// 19

第 3 篇

如何实现终极期望：

思考、准备、行动、坚持// 25

思考：哪些事情在等待我去做

坚持：不轻言放弃

第4篇

实现终极期望会遇到哪些障碍：

职场中普遍存在的顾虑// 99

恐　惧

挫　折

鲍勃·尼尔森是我的好朋友，我们在一起工作了 15 年有余。在这本《不要只做我告诉你的事，请做需要做的事》问世的背后，有一段美好的过程。曾几何时，我们还聚在一起，讨论是否要围绕《致加西亚的信》合著一本书。《致加西亚的信》这一经典故事传达给我们的信息是：员工应该忠心于雇主的意念，在工作中恪守雇主的指示。时光荏苒，十多年后的今天，鲍勃把握着时代的脉搏，恰到好处地重新界定了这一信息，并提出了新的理念。

为什么他要这样做呢？因为随着时代的变迁，这一旧的观念已不再适用了。在过去，忠心耿耿或许可以帮你守住饭碗。记得从康奈尔大学(Cornell University) 毕业的那一年，我的一位朋友在美国电话电报公司

(AT&T Company)找到了工作，于是他打电话回家报喜。在电话另一头，他的母亲喜极而泣，激动地说了句："孩子，你这辈子有着落了。"但如今，不论供职于何处，我们谁都无法"一辈子有着落"，因为对于企业来说，这是一个充满变数的年代，谁也无法预料到未来会发生什么。

既然老的观念已经退出舞台，那新的观念又在哪里呢？我曾经在交谈中问过来自世界各地的人们："如果工作给不了你铁饭碗，你会想要什么?"他们告诉我想要两样东西：开诚布公和机会。首先，今天的雇员都希望公司能以诚相待，不隐瞒，不欺骗。"别跟我说你们不会裁员，却又在六个月后厚颜无耻地做出这一套。"其次，今天的雇员希望获得机会——学习的机会、积累知识的机会、发展技能的机会。他们深谙要想在职场中获得保障，最佳的做法就是提升自己的价值，使自己在职场中变得更受欢迎。

汤姆·彼得斯不断地宣传他的"个人品牌"理念，于是不久每个人都有了一叠厚厚的档案，里面记载着自己曾经拥有的机会、取得的业绩、奉献过的技能。然而，在当今时代，获得机会首先需要不断地学习，而学习的最好方式是把握主动出击的机会。人们得有机会犯错，才能从错误中汲取经验和教训，总结出策略与技巧，使自己的工作表现高人一筹。这就是本书所要表达的主旨。鲍勃告诉我们，不论干哪一行，在哪里干，我们都有能力为自己创造各种机会。

　　鲍勃传达给我们的讯息是顺应时代潮流的，因为在如今的商业环境中，最具竞争力的莫过于那些将客户放在第一位的公司。对客户而言，最令人抓狂的事就是听到某位一线工作人员像只鸭子一样嘎嘎地说"对不起，我们的政策就是这样"，"我只是在这儿打工的"，"要不你去和我的上司说吧"之类的搪塞之辞。明智的客户都知道要找就找有决定权的人。把客户放在第一位，这正是公司在竞争中胜出的关键所在，也是维持员工积极性的动力之源。

　　最优秀的公司往往能发现，优质的服务一般来自于有机会施展自身影响力的员工。本书中，鲍勃还为我们指出，在任何层次的任何职位上，员工都是与困难、机遇距离最近的人，所以他们更有能力用自己的行动来感染客户、同事和上司。

我建议你认真地读一读《不要只做我告诉你的事，请做需要做的事》这本书，并将其中的思想传达给所有你认识的人。相信它会真正帮助你及与你共事的人创造机会，实现改变。我想，你的上司也会为此欢喜有加。祝福！

肯·布兰查德博士

这本小书的首次发行距今已 10年有余，它篇幅虽短，却包含了一条大道理：能成就你的工作与生活的唯有你自己，而非其他任何人。

本书的英文原版于 2001 年 9 月 11 日出版问世。十多年来，世界发生了翻天覆地的变化，这种显著的变化如今仍在以各种方式继续着，劳动力也毫不例外地处在变化的洪流之中。各种趋势并行交错，为每个人重塑着工作的本质。技能型人才的短缺、00后逐渐走上舞台、临时职工队伍的壮大、远程雇员日趋重要的作用、劳动力市场的全球化…… 这些瞬间便能浮现于脑海的变化仅仅是人力资源领域内种种新趋势的几例典型，这些趋势无时无刻不在为雇员和雇主重新界定工作的意义。

然而，任何一份工作的核心都是一个人、一项(或一组)任务、需要履行的职责。无论这个核心以外的事物如何改变，所有企业现在和将来需要的都还是能出色完成工作，能满足企业、客户、队友、持股人的需求，能努力解决问题，能为改善自己、团队和企业提出建设性意见的员工。

作为一名员工，如果你能做到这些，就表明你是真心想把工作做好，那么工作于你就会变得更有乐趣，甚至成为一种享受。你作为难能可贵的贡献者，自身的价值会得到提升，企业的管理者和其他人会越来越希望你加入他们的团队，成为他们的左膀右臂，帮他们实现一个又一个大大小小的目标。

能够越过条条框框有条不紊地主动完成待做之事，而非按部就班等待吩咐的人，每过一天都在为生活做加法，美好的事物也因此常常发生在他们的生活中。

我希望此书能启发或重新燃起你的热情，让你在工作中受到启示，有所成就，并为身边的人树立榜样。祝如愿以偿！

鲍勃·尼尔森博士

加利福尼亚，圣地亚哥

这本书有一个简单的前提：出色地做好工作无需经谁人批准。不论你在哪里工作，为什么人工作，管理者都期望你能始终运用自己的最佳判断，努力做好需要做的事情，为公司的成功添砖加瓦。

我将此种期望称为"终极期望"。它是每位员工都需要聆听到的一则讯息，却极少有雇主能够清楚地传达出来。

事实上，如今每位雇主所寻找的员工在本质上都是同一种人：能自主行动的人，尽管这一点听起来可能有些奇怪。当然，雇主的具体需求会因为所雇员工的技能差异而有所不同，但在核心上，他们需要的都是积极主动这一共同的特质。因此，在任何环境中都能自主行动的员工，不论其出身、资质、受教育程度如何，都是不可多得的。

每位员工其实都具备完成"终极期望"的潜质，只是极少有人能将这种潜质发挥出来。无需指派就能做好需要做的事是成为卓越员工的标志。

每一天，所有员工都需要为工作开展种种行动，如服务客户、解决问题、帮助同事、完善理念、为开源节流或完善过程出谋划策等。没错，这些需求存在于你被雇用的每一天，存在于你被雇用的每分每秒。

其实我不知道今天还有哪家公司仅依靠按部就班的员工就能立足于世。如果有，这样的公司迟早会被淘汰，因为这种竞争激烈、节奏飞快、变数无限的商业环境已容不得员工无主见无想法地按部就班了。

拿你的公司和任何一个竞争对手对比一下，你将发现，你们很有可能提供相似的产品和服务，拥有相似的技术资源和销售渠道，运用相差无几的营销策略，若继续深入对比，你还将发现更多的相似点。

既然任意两家公司在这么多方面都相似，那么究竟是什么使得一家公司成功而另一家公司却只能苦苦挣扎于生死边缘呢？是无需吩咐就能工作的人们，是这些人每天在工作中投入的主人翁意识、充沛的精力、执着的精神。

对于公司制度而言，等级关系早已一去不复返了。如今的工作是一种合作，每个人都参与其中。工作的性质，甚至商业的性质都在快速变化着，以致员工们无法坐等指令，而要马不停蹄地一头扎进种种突发事件之中。

员工最清楚怎样才能把工作做得更好，他们最了解工作中可能会出现哪些问题，也最明白客户会有什么样的需求。他们能在身体力行中获取第一手信息，而管理层只能从报表资料里间接推测出有关情况。若所有员工都能思考如何才能把工作做得更好，公司就能更好地响应客户的需求，就会具有更强大的竞争力。

我们正在快速迈向员工自我管理的新时代，在这个时代里，每个人都需要理解个人对公司使命、目标的贡献具有怎样的重要意义，并主动采取行动，在岗位上、部门内，甚至整个公司里努力施展自己的影响力。

在这样的过程中，你能从工作中体会到更多的乐趣，能看到自身行为带来的影响，能在你的岗位上学习、成长、获得提升，能赢得"能办事"的良好声誉，能磨炼出挑大梁、独当一面的能力，并能因此有更多的收获。

本书只是对这个话题的一个开场，意在在抛砖引玉，唤起人们对此进行更深一步的讨论。它代表了一种在新时代中应运而生的态度和理念，这种态度和理念会让组织中的每个成员受益，也将是整个组织的福祉所在。

鲍勃·尼尔森　博士

加利福尼亚　圣地亚哥

2001 年春

Please Don't Just Do What I Tell You, Do What Needs to Be Done

第 1 篇

导言
做自身经历的主宰者

就在此时此刻，在眼下的这份工作中，
你就可以有所作为。
创造引人瞩目的成就无需等到未来，
等到你得到所期冀的理想工作以后。

和许多人一样，在青少年时期及大学时代，我做过一些有趣的工作。我曾经帮人组装过自行车，曾挨家挨户地推销过字典，曾花了一整夏的时间为一次选美大赛从一些中年男人手里回收门票——这些门票是他们从花言巧语的参赛者那里买来的，但他们其实压根没打算到现场观看。我还做过数学家教，当过书店收货员，在 7—Eleven 便利店做过收银员，在童子军夏令营担任过顾问。为顺利完成大学学业，我还帮人打扫、整理过花园和屋子。

这些工作大多平平淡淡，毫无新意，以至于让人感到无聊。对当时的我而言，它们唯一相同的地方就是：一个个都既卑微又廉价。

后来，我发现我错了。其实这每一项工作都为我提供了宝贵的经验教训，为我创造了一些难能可贵的机会，只是我当时都没有意识到。后来我也发现，任何层次上的任何工作其实都能让我们积累到经验，吸取到教训。

比如说，我在 7—Eleven 便利店工作时，觉得自己是个好员工，老板叫我做什么我就做什么，觉得是分内的事情就毫不犹豫地去做，不过那时分内的事情似乎就是站在柜台后面，等着往收银机里输入客人购买的商品。

然而，有一天，当我站在柜台后和另一位员工聊天时，区域经理从门外走了进来，他环顾一周后，示意我同他一起朝一个过道走去。到了那儿，他二话没说，就开始整理货架，将货架上剩余的商品前移到已售商品刚腾出的空位上。然后，他又走到食品备制区，把案台擦得干干净净，将装得满满的一筐垃圾清理掉。

我迷惑地望着他做这做那，直到后来才恍然大悟：原来他是希望由我来干这些活儿！让我大吃一惊的，并非这些活儿本身是新的（其实这些事情我都干过，比如，每天换班之前，我都会擦地板、倒垃圾），而是我从未想过任何时候我都应该积极主动地去干这些活儿。

从来就没人明确地告诉过我这一点！即使现在，这一点也尚未被明确地说明。

那一刻，经理虽然什么也没说，却教会了我职场中最重要的一课，这让我在后来的人生里一直受益匪浅。它不仅使我成为更优秀的员工，还让我自那以后能从每一项工作和每一次经历中收获更多。

这最重要的一课就是：我要对自己的工作负责，要在工作中具有更强烈的主人公意识，勇于为自己的行为承担责任。简言之，我应该将注意力集中在需要我去做的事情上，而并非只等着按指令行事。

领悟到这一点后，那些曾经让我觉得无聊的工作顿时变得有趣起来。我发现，一个人越是专注于工作中力所能及的事情，就越能学到更多、把工作做得更出色。

后来，我离开了 7—Eleven 便利店去读大学，但那段经历深深地影响了我后来的人生和职业生涯。在那里，我从一个轻闲的旁观者向前迈出了重要的一步，成为自己工作经历的主宰者。正因如此，我能从大学的各项课题中收获更多的乐趣，能将兼职和实习视为摸索职业道路的机会，能在低层职位中发现机遇的大门前所未有地向我敞开。

再小的工作，也赋予了你一定的权力。

优秀的员工总是能善用这种权力，对自己的工作始终抱有一种主人翁意识，他们无需指派，就能主动做好需要做的事。

我一步一步地升职，当了经理，后来又被任命为总裁，一路上我总在努力寻找机会去完成需要我做的事情。事实上，我发现每个级别的每项工作都存在机会让我脱颖而出、有所作为，主动做需要做的事不仅是为我的雇主，也是为我自己。

由此，我得出结论，所有员工都应聆听并怀有这一基本信念：就在此时此刻，在眼前的这份工作中，你就可以有所作为。创造引人瞩目的成就无需等到遥远的未来，等到你得到所期冀的理想工作以后。

相信通过阅读以下各章节，你会对如何主宰你的工作、事业乃至人生，形成更深刻的理解。

就让我们从致新员工的一封信开始吧，当然这只是一封未发出去的、虚拟的信，我称之为"终极期望"。

Please Don't Just Do What I Tell You, Do What Needs to Be Done

第 **2** 篇

终极期望
请做需要做的事

不断地去做最需要你做的事情，
永远不要等待吩咐。
不错，雇主是雇用员工来做某项特定工作的，
但雇主更需要的是员工运用
自己的思想、判断力和行动
为公司创造最大利益。

亲爱的员工：

我们聘用你是因为眼下我们急需用人，这其实是不得已之举。但我们十分确定我们需要像你一样富有技能和经验的人才，并且确定你是能满足我们此项需求的最佳人选，因此我们向你提供这一职位，你也接受了。对此我们表示非常感谢！

在雇用期内，我们会要求你做很多事情，其中包括基本的责任事项、具体的任务分配、各种团体项目以及个人项目。在此期间，你会有很多机会表现你的过人之处，证明我们当初雇用你的决定是明智的。

不过，这里面有一项最重要的责任，也许从来不会有人对你明说，但你却必须始终牢记在心，那就是所谓的"终极期望"，细言之，即：不断地去做最需要你做的事情，永远不要等待吩咐。不错，我们是雇你来做某项特定工作的，但我们更是雇你来运用你的思想、判断力和行动为公司创造最大利益的。

我们也许不会再次对你说这句话，不会再次对你剖白这一思想，但请不要就此认为它不再重要，也不要认为我们对此不再重视。日复一日，我们可能会因为事务繁忙、运营中情况变化莫测、各种活动竞相进行而忙得不可开交，以致你以为这一基本理念已被淡化，而事实却是完全相反的。所以，请你不要被表象所误导。

另外，也请你永远不要忘记"终极期望"，而要努力将其作为工作的指导原则，将其视为一种可一直陪伴你、敦促你思考和行动的理念。

在你受雇期间，你有权本着双方的共同利益采取各种行动。

任何时候，你若觉得我们的所为有失偏颇，不能最大化地有益于我们彼此，那么请说出来。你有权在必要的时候，说出不曾有人明说的事实，给出你的建议，或者就某项行动或决定提出质疑。

但这并不等于我们会一直采纳你的建议，也不代表我们一定会做出某种改变，而是意味着我们永远希望能从你口中聆听到：怎样做才能最好地实现我们的目标，并在实现目标的过程中创造双向的成功。

在寻求改变现有的工作流程之前，你需努力去弄明白事情本来是怎样进行的以及为什么要这样进行。
请你努力适应现有的体制，但是若你认为现有的体制
有待变革，也请告诉我们。

　　也请你就此信函所言，与我以及单位中的其他人
展开讨论，以便我们都能更好地实现"终极期望"。

你诚挚的上司

　　附注：也许同各种金玉良言一样，"终极期望"听起
来不过尔尔。但请不要将听起来简单和做起来简单混
为一谈。请用心记住这一"终极期望"，并巧妙地将其
运用到你的工作和具体情境中。我想，一旦你领会了
这一理念，就必然会将它带进你每天的工作中。接受
这项挑战，无论对我们双方的共赢、对你的职业生涯、
还是对你的人生而言，都是最为重要的。

Please Don't Just Do What I Tell You, Do What Needs to Be Done

第 **3** 篇

如何实现终极期望
思考、准备、行动、坚持

想一想哪些事情在等待我去做，行动前
做好充分准备，然后主动出击，
决不轻言放弃。
思考、准备、行动、坚持，
这就是每个员工实现终极期望的必由之路。

人们在作出每一项重要决定前，都会先进行思考，人们会想：我能用不同的方法来做这件事情，并且能取得比现在更好的效果。在主动出击方面，我体会良多，接下来我将与你分享一些我个人所获得的经验教训、方法策略以及小窍门。希望能以此触发你的思维，让你在现有的职位上，在具体的应用中形成自己的观点。

思考哪些事情在等待我去做

加大你的工作难度

任何时候，你都要尽可能地寻找一切机会来加大你的工作难度。为此，你可以主动接手工作，主动帮助别人，主动参加项目，主动要求加入因紧迫之需而临时成立的工作小组。

当然，短期内你可能会觉得疲惫不堪，但是慢慢地，人们就会发现你是一个能干且乐于接受挑战的人——于是，你对于公司的价值就会得到更大的体现。

就拿三联公司（Tri-United Companies）①的总裁助理莎伦·莱希来说吧，她一开始就能像位办公室主任一样井然有序地帮助上司打

---

① 位于美国中北部伊利诺伊州芝加哥市斯科基地区的一家地产公司。——编者注

理各项事务,因此后来自然而然地被晋升为办公室主任。而如今,她已成为该公司的副总裁。莱希曾说过这样的话:"老板不在的时候,我就来替他负责公司的整个运营过程。"三联公司的老板莫什·门诺拉对此赞赏有加,并补充道:"任何一位老板所要寻找的,都是可以无需吩咐而主动工作、无需请求而主动帮忙、既坚定又自信的员工。"

无独有偶,埃斯普利特公司(Esprit De Corp)的员工艾米丽·罗德里格斯也是如此。她就如何在海外统筹货物、预付运费等一系列事项中,将物流用作一种服务和营销工具,倡导了一些新的做法,仅因如此,她在公司内的职能范围逐步扩大,目前她已是这家公司的运输主管。

在工作中拓展自己职能范围不仅会使你有更大的成就,而且能让你一路上学到更多的东西,更易于运用已有的成功为自己的未来谋求机会。

努力理解你的工作,尽力响应上司的需求,并且富有前瞻性地主动拓展你的职能范围。如此,你才能在工作中脱颖而出。

你可以成为你想成为的人，关键在于你是否在用那样的标准要求自己。

工作中，适当地拓展自己的职能范围、主动承担更多的责任，可以为你创造更多的晋升机会。

想一想
事情还能如何被改进

32

大多数行为都始于思考，而你可以轻松地控制你的所思所想。工作中，不妨多试着去思考一下事情可以怎样改进。

你可以从小的方面开始思考。例如，就想一想你如何能更好地安排自己的工作吧。每天你可以比别人早到办公室一小会儿，好好计划一下一天中要做的事情。有人向你提问时，想一想他要问的到底是什么。坚持定期询问上司是否还有工作需要你帮忙完成。看看周围是否有人需要帮助又尚未说出，你可以在力所能及的情况下伸出援助之手，降低他们的工作难度。

在书店当收货员时我发现，每每提出自己的建议后，我就更能感受到工作的趣味。发表己见让我对自己的工作有了新的理解，并渐渐觉得时间过得飞快。而且时不时地，我的一个想法会引起其他人的兴趣，成为他们谈论的话题——于是，他们的兴致反过来感染了我，成了我向前的动力。

切勿认为办一件事只能用一种方法，也不要相信现行的方法就是最好的，可以继续使用，更不要觉得即使你做得再好也没有人会在意。

每周不妨在工作中提出至少两条建议，它们可以是关于如何改进现状的、如何节约资金的、如何简化流程的。在提建议方面，首先还请注重自己的工作，等你获得了技能，建立了信心，赢得了尊重后，不妨再向所在的部门乃至整个公司提出你的建议。

就当个出名的吝啬鬼员工吧

要不断想方设法帮公司节约成本，要像爱惜自己的钱财一样去爱惜公司的资金。

每家公司都希望寻找到既能节约成本又能获得更多收益的妙招。若是你能想出这类妙招，老板必定更能感受到你的价值。

Boardroom 公司是一家位于美国康涅狄格州格林威治市的新闻出版公司，该公司的一位运务员曾向公司提议：在重印一本书时将其纸张尺寸缩小。因为，如此一来，就可在船运中降低运费，使用第四类邮资。

后来，公司采纳了她的提议，对纸张进行了裁剪。结果仅在第一年就节省了 50 万美元的邮资。对此，公司董事长马蒂·埃德尔斯顿说道:"23 年来我一直在处理邮购订单,但从不知还有第四类邮资存在——而这位做运务工作的人却能知晓。"

在基层执行具体任务的人往往最易懂得如何才能取得更好的结果,并将成本降低。也正是这样的人才知道公司在其他方面应该如何节约资金,或者整个公司如何才能更加高效地运营。

在承包项目和采购项目上要讨价还价;在租赁设备和购买设备间要进行成本效益对比;建议大家自带食物一起用餐,这样就可免去为每人购买午餐的费用;看看内部员工中是否有人对公司的外包工作感兴趣;与其安排加班,不如问一下是否有人自愿留下来;考虑用实习生来处理一些项目相关事宜……勤俭节约的潜在办法举不胜举。

敢于提"愚蠢"的问题

其实从来就不存在什么愚蠢的问题，尽管有些问题乍一听似乎让人感到几分荒唐。你所提出的问题，之前可能从未有人提过；或者即使有人提过，那时的时机和可行性也均不如现在。

在美国威斯康星州的希博伊根瀑布区，有一家名为 Johnsonville Foods 的香肠批发商，这家批发商有一位叫伊莱恩·克劳福德的女秘书。有一天，她问老板："我们为什么不能将产品直接卖给顾客呢？"她的老板拉尔夫·斯特耶觉得她的主意不错，让她仔细考虑一下该怎样实施这个想法。过了不久，伊莱恩就开始在一个营业额达上百万美元的直销部门独当一面了。

在一次管理层会议上，大家正

在就是否要解雇某位员工进行讨论,这时我问道:"有没有人告诉过他,不提高工作绩效就可能会失去工作?"结果证明,根本不曾有人对他说过这样的话。事实上,公司若能把期望及潜在后果向员工交代明确,就可避免此类负面情况的发生。

以往的处事方法放在未来不见得管用,尤其是在这个多变的时代。在这种情况下,询问是寻找新好方法的最佳途径。

问一问事情为什么要这样做;问一问你接手前,这项工作是怎样的、你的这部分工作完成后,它又会如何;问一问你的顾客会是否觉得目前的服务不错——是否愿意为这些服务付更多的钱;问一问他人是否能在现状中做出改变、能做出怎样的改变;问一问你的上司你如何才能成为更好的员工。

化需求为机会

　　每一项需求都是一次可以展现你自身价值的机会。学会发现客户的需求，并询问该怎样做才能满足这些需求；学会关注公司内有待解决的问题，并想一想有没有什么创新性的方法可以解决这些问题。

　　在美国科罗拉多州的丹佛市，有一家名为 Kacey's Fine Furniture 的家具店。在那里，有位员工对该店的营业时间提出质疑，认为这个时间段对很多在白天上班的客户来说，正好和他们的上班时间相冲突，以致他们无法前来购物，于是她向老板建议变更营业时间。老板采纳了她的意见，结果该店的销售额上升了 15％。

　　乔治亚—太平洋公司（Atlanta's Georgia-Pacific Corporation）是美国

建筑用品的领头制造商和经销商。为处理木材厂的锯末这一副产品，那里的工人想出了一个主意：将它们卖给种植园，以用作肥沃土壤、抑制杂草生长的覆盖物。就这样，通过思考谁可能需要或者谁可以利用他们的副产品，他们为公司创造了一项新的收入。

我曾经遇到过这样一家客户公司，他们的停车位一直不够。尽管一个停车场的造价达上百万美元，员工们还是希望公司能出资建一个。对此，管理层作出了回应，表示这笔开销不在公司的预算范围之内。

但是该公司内却没人寻求其他的方式来解决这个问题，比如说远程上班、将上班时间错开、进行轮岗制、拼车、提供班车服务或鼓励将车停在更远的地方等。其实，只要你能创造性地去寻找机会，或变换你的视角，问题就能迎刃而解。

对你所遇到的每一种需求，都要尽量想出三种解决方法来，并要思考谁才是受益者。要想找到满足客户需求的方法，你得多问一问"假如……会……"这类问题。

需求和机会总是如影随形，每一种需求都潜藏着让你展现自身能力的机会。

敬告!
切勿满腹牢骚

很多员工都会抱怨工作和老板,甚至抱怨客户,殊不知他们之所以处在现在的境况中,自身也要负一部分责任。他们只看到消极的一面,总认为自己受到了不公平的对待。如果出了什么问题,他们习惯于将矛头指向管理层或公司的其他人,责怪他们没有提供充足的资源、没有事先提醒可能的变数,等等。似乎,对于自己的人生,他们也只是被动的观望者。

大多数公司的大多数员工都从来不满意自己的现状。他们就等着上司哪天变得"开明",他们期望从公司和周围同事那里得到的收获总是比自己愿意付出的多。请不要成为这样的员工,也不要和满腹牢骚的人在一起,以免染上他们的坏习惯。

任何时候,你都要尽可能地寻找一切机会来加大你的工作难度。短期内你可能会觉得疲惫不堪,但是慢慢的,人们就会发现你是一个能干且乐于接受挑战的人。于是,你于公司的价值就会得到更大的体现。

工作中,不妨多试着去思考一下事情可以怎样改进。切勿认为办一件事只能用一种方法,也不要相信现行的方法就是最好的,可以继续使用,更不要觉得即使你做得再好也没有人会在意。

要不断想方设法帮公司节约成本,要像爱惜自己的钱财一样去爱惜公司的资金。

从来就不存在什么愚蠢的问题，你所提出的问题，之前可能从未有人提过；或者即使有人提过，那时的时机和可行性也均不如现在。

每一种需求都是一次可以展现你自身价值的机会。学会发现客户的需求，并询问该怎样做才能满足这些需求；学会关注公司内有待解决的问题，并想一想有没有什么创新性的方法可以解决这些问题。

极少有人不进行充分的准备，就能将好的创意付诸具体行动。

准备可以是宽泛的，比如了解你所在的行业公司的另一个部门，学一点会计技能；也可以是具体的，例如做好成本—效益分析，或制作幻灯片将你的创意表现出来。

一旦你想到了某种新的做法，你就有必要为实现这一做法准备起来。做准备有很多不同的方式：你可以和共事者讨论某一想法，可以收集数据资料，还可以就某一问题进行调查研究，看看公司内外的其他人是如何解决同类问题的。

深入思考你的创意，想想它的利弊之处，想想它的成本与效益，想想它实施起来需要哪些步骤……你对这些问题思考得越多，就越接近成功。

先变不知为知

在你试图去说服别人接受你的新想法之前，你得先关注工作中自己还不了解的地方。也就是说，你要尽最大的努力把未知变成已知。

每当想出一个主意时，我们都会本能地想在第一时间昭告天下，并期望每个人都能接受我们的想法，并为我们的洞察力和聪颖所打动。尽管如此，我们最好还是先多去了解一下事情为什么是这样做的，这比盲目追求改变要明智得多。这样的了解过程能帮你更好地预测出自己的想法会遇到哪些反对意见，会引起怎样的担忧。

曾有一家公司为省去一些不必要的文书工作，成立了一个跨职能的任务小组，该小组从信息服务部门获得了一份各项报表的总汇，并以此为参考先后剔除了 10% 以上的报表。他们庆贺自己的成功和为公司带来的节约，任务顺利完成，该小组也随之解散。然而在此之后，大家开始抱怨工作中没法获得一些必要的信息，于是那些被剔除的报表又不得不被恢复原状。

寻求改变应该从与现有执行方式最直接相关的执行者那里开始，倾听他们的意见。获悉他们的反馈可以让你更有可能获得他们的支持，你的努力也更有可能取得成功。

然后，不妨再与其他人进行交谈。问问你的同事和客户，看看他们对现有的过程和步骤、对以往的经历有什么看法，多与他们交谈直到你对事情为何如此有一个"真正的"了解为止。在这个过程中，你能耳闻目睹哪些地方需要改变，进而能在相关人员那里检验这些改变的结果。

48

为你的想法主动收集信息

不论什么工作，你都能根据你的想法做些简单的调研，收集数据以支持你的建议。譬如，机器多久需要维修一次，何时应该进行预防性维护？你是否会经常做些无谓的工作？仓促草率地提要求会带来怎样的损失？

我曾认识一位执行官，他在运营状况非常不好的时候，接管了一个产品定制部门。他花了几个小时的时间对这个部门的客户进行访问，并从他们那里收集到了满满七页纸的负面评价。

他向整个部门展示了调查结果，并向大家提出挑战，让他们制定一个共同目标以同心协力地改善现状。最终，部门成员将这个目标定为：按时完成项目。

其后，第一个按时完成的项目，就被当成一件很了不起的事宣扬到了公司的其他部门，然而它引起的多是嘲讽和暗笑，大厅里常能听到"他们终于如期完成了一个项目"这样的讽刺。

尽管如此，这个部门还是再接再厉，一连按时完成了 5 个项目，后来是 7 个，再后来是 22 个……以前的嘲笑声不再有了，那些曾誓不愿与之合作的销售员也开始为一些潜在的项目与他们联络起来。

结果，这个曾经的问题部门变成了公司中最有价值的部门，成为公司重要的收入来源。15 个月以后，在这位执行官于该部门任职的最后一天，这个部门连续按时完成了他们的第 1700 个项目。

位于美国俄亥俄州西德尼小城的科普兰公司（Copeland Corporation）是一家冰箱和空调制造商，该公司配有一支自主管理的钻头运营团队，他们所使用的钻头经常在生产中造成质量问题，因此他们对用另一种高品质钻头取而代之的可行性进行了调研。调研结果表明，这种新钻头虽然价格是原钻头的两倍，但耐用性却是原钻头的三倍，因此使用它可以降低次品率并缩短机器的停产时间。

确凿的数据是进行系统性改善的良好基础。仔细观察你自身工作中的种种需求和现实，你就能确定何时开始必要的变革是有意义的，并且能以手中的证据说服别人接受你的主张。

对于重复出现的情形，要对相关数据进行全面的跟踪，如所耗时间、偏离情况、特殊要求、与目标的逆差等。

最优秀的计划者往往会预先考虑到多种可能性，然后才提出与实际情况最为相符的行动方案。

某家小公司有一位职员，被指派负责制订展销会计划，这项工作是她以前从未做过的。她访问了总裁和销售人员，询问他们认为哪种展会最适合该公司参加。另外，她根据可用预算和时间，有针对性地筛选出了一些展会。掌握了这些信息以后，她得以对规模、类型、地理位置等因素设立了标准，然后根据这些标准上网搜索各种可行的选择。

通过这样的做法，她制作了一份展会名录，并征求多方意见，看是否还有额外的信息需要添加。然后，她根据早先制定的标准对各展会进行了排序。她将这一结果提交给相关人员，并向他们提出各种建议。由相关人员选定具体的展会后，她又继续就成功参展必做的各项事宜列出了一份总清单。在整个过程中，她总能不懈地同各位参与者或感兴趣者进行沟通。

另有一个例子，当年有消息传出，全美航空公司（U. S. Airways Group, Inc.）计划关闭其在北卡罗来纳州温斯顿—塞勒姆市的维修站，这意味着要裁掉1300名员工。听到这一消息后，员工们都坐不住了，于是积极研究并提出了另一种解决办法，即建议公司将国内其他区域的维修站兼并到这里来，这样既帮公司提高了效率，同时也保住了他们自己的饭碗。

留心寻找各种新的可能性及各种新的组合；对实现同一目标的多种途径进行思考；让其他人参与到你的想法中，以培养他们的主人翁意识、获得他们的支持、激发他们的行动潜能。

就各种可能性集思广益，为评估各种可接受的解决方案制定标准，选择一个最佳的方案，仔细思量该方案的各个细节，以期取得最圆满的结果。

　　虽然"条条大路通罗马"，

但其中必定有一条最快最好的

途径。

　　行动前不妨先对各种可行

方案做一次评估，选择其中的

最佳方案，从而提高行动成功

的概率。

细量你的计划

你或许听说过"魔鬼藏于细节"这句俗语。多年来我一直听到这句话，可直到成为职业演讲者之后我才真正明白它的含义。

作为一个演讲者，随着时间的推移，我逐渐意识到所有可能出错的地方最后都真的出了差错，比如走错房间、记错日期、设备出现故障、温度和照明控制不当、讲义缺失或出错，等等。我亲身体会到，最可能出错的正是这些你没有再次仔细检查的细节！如今，每次演讲前，我都要特别留出一些时间来，再次对各个细节逐一确定。

在英特尔公司（Intel Corporation），管理层授权每位员工对一项创意或决定提出质疑甚至反对，他们将这种哲学美名为"诚实思考"。他们鼓励员工就自己所质疑的理念和行动说出自己的反对意见，这样的过程往往能使最终的决定和行动更有力度、更有效率。

你若希望向管理层谏言，那么请先细细思量你的想法实施起来需要哪些步骤、会带来怎样的结果。为此，你不妨先问问自己如下问题：这个想法需要哪些资源支持？实施起来会花费多长时间？为什么不能换个时间再提这个想法？它带来的结果会影响到公司里的哪些人？我能预见怎样的提问和异议？在哪一点上最可能出现差错？等等。

最开始，你需要不时回顾，以做好准备，但临近执行时，你又得前瞻，以思考和预期可能出现的问题。你越是能好好地进行此类思考，就越能明白哪些工作是需要做的。如果你尚不能预见问题和异议，那么请相信：在提出想法前你还需做更多的努力。

很多员工都觉得，在任何一家公司，好的主意都会神奇般地被人注意到，而且会被付诸实践。然而，事实很可能恰恰相反：没有人会像你自己那样具有巨大的干劲，兴致勃勃于你的想法。

因此，为了获得支持，你需要成为那个能为大家注入干劲的人。你要热烈地谈论以引起他们的兴趣、询问他们的观点、获得他们的支持、吸引他们的参与。

多年前，在纽约的国际商业机器公司（IBM），有一位名叫约翰·帕特里克的员工，他相信计算机信息处理技术的未来在于互联网。他撰写了一则内部简讯，号召所有IBM人士都"互联"起来。在简讯中，他指出了将重塑计算机产业的多项原则，并充分论证了自己的观点。

因为他的努力，简讯很快就引起了注意，且接二连三地收到了一些回应。但用帕特里克本人的话说："人们原本不知道我的报告是发给公司里的什么人，他们也根本不在乎。"

几年后，IBM公司为制订互联网行动方案专门成立了一个600人的分公司，而担任分公司副总经理和首席技术官的正是这位写简讯倡"互联"的帕特里克。

还有一个例子，有一家储运公司，他们宣称"服务客户"是公司的首要价值取向，但公司的一位运务员感觉到工作中若说起客户必定是因为投诉，比如，某样东西丢了、某件物品在运输中受损了、某批货物迟到了等。

他想改变这种状况，却又不知从何着手。他想，如果运输部门能从对订单表示满意的客户那里，了解到该订单货品是怎样被包装和运输的，情况也许会好很多。于是他向上司提出了这一想法，但是得到的回答是："我们要做的事情已经够多了，没必要搬起石头砸自己的脚,引来更多的投诉。"

　　他并未就此打消念头,而是继续找同事讨论。一
天,在工厂的餐厅里,他注意到了一位来自市场部的员
工,于是坐到她身边去,询问她是否有办法制作出一种
可以随订单一起寄出的回邮明信片。这位市场部人员
让他把要说的话写下来寄给她,并答应帮他设计好。
一周后,他拿着那份设计好的明信片到运务主管那里,
请求他花一周时间将其试用于每一份订单。主管答应
了。随后,他们从客户那里收到了热心的回复,并对这
些回复作出了积极的响应。后来,这种明信片演变成
了附在每一份订单上的商务回馈卡。

　　请多观察你的周围,找出需要做的事情。然后请
求别人的帮助,并向他们表示感谢。让他们将你的点
子视为自己的点子。

敬告！
切忌工作时不务正业

上班时不要不务正业——不要嚼舌根，不要拉帮结派，不要钩心斗角。做好自己的工作，即便别人不务正业，你也要专注于自己的工作和目标。

工作中谈及他人时，要记得问一问"真的是这样吗？""这样说好吗？""有必要这样说吗？"等对你的话语具有引导作用的问题。

做一个积极向上的人。做需要做的事情，成为上司和同事的支持者，不要对那些负面的东西耿耿于怀，而要成为一个始终积极、始终前瞻的人。

在你试图去说服别人接受你的新想法之前,你得先关注工作中自己还不了解的地方。先多去了解一下事情为什么是这样做的,这比盲目追求改变要明智得多。

确凿的数据是进行系统性改善的良好基础。仔细观察你自身工作中的种种需求和现实,你就能确定何时开始必要的变革是有意义的,并且能以手中的证据说服别人接受你的主张。

最优秀的计划者往往会预先考虑到多种可能性,然后才提出与实际情况最为相符的行动方案。

62

"魔鬼藏于细节"。你若希望向管理层谏言，那么请先细细思量你的想法实施起来需要哪些步骤、会带来怎样的结果。最开始，你需要不时回顾，以做好准备，但临近执行时，你又得前瞻，以思考和预期可能出现的问题。

没有人会像你自己那样具有巨大的干劲，兴致勃勃于你的想法。为了获得支持，你需要成为那个能为大家注入干劲的人。你要热烈地谈论以引起他们的兴趣、询问他们的观点、获得他们的支持、吸引他们的参与。

当然，对于你的想法，你希望做一番精心准备，不过首创精神的精髓在于采取行动，即现在就来做点不一样的尝试。

没有人会像你自己一样为你的想法充满干劲，所以你需要通过行动来倡导，使之成为现实。在你所属的体系内尽最大的努力把事情做好，如果出了这个范围——例如将想法带到上司的上司跟前——你就要好好地检视自己是出于怎样的动机。如果你能确信自己是出于公司的利益，而不是个人的名利，那么这次尝试就不失为明智之举。

即使你做得不对，你也能从中吸取教训，再次进行尝试，从而更有希望取得最终的成功。

发表你的意见，培养你的影响力

我们都有过开会时感到无聊透顶、无所适从的经历。在这类情形中，我们往往会想："这不是我的会议，说什么是领导的事！"就像课堂上的学生一样，我们觉得畅所欲言不是我们的本分。其实，这样的想法大错特错！

在一次会议上，我采取了另一种做法，我对大家说："好像我们以前已经讨论过这个话题，也可能仅是我个人参与讨论过，不过不管怎样，我们不妨来对它进行投票，然后就进入下一个环节。"

让我感到意外的是，在座的许多人立马对我的话表示赞同，而且似乎都因此松了一口气。就这样，这场即将拐入死胡同的会议即刻有了生气和成效。

如果你要参加会议，那么就做一个积极的参与者。如果你有想法、见解或问题，那就大声说出来！不要指望别人能够读懂你在想什么。用一切你力所能及的方式来帮助你的团队——你可以总结陈词、计算并控制会议时间、引导发言、跟进已商定的事宜，等等。你投入得越多，就越能更好地利用你和他人的时间。

主动争取艰巨的任务

要积极主动地接受任务、参与项目并承担更多的责任。当问题出现时，要主动伸出援手，寻找解决方案。如果你认为自己能为某个任务团队增添价值，那么就加入该团队。如果你有机会担当更多的责任，那么就尽量去担当，并在担当的过程中拓宽你的学识和眼界。我曾听说有员工自愿为公司制做网页，之后，随着这一业务对公司的重要性增加，该员工顺理成章地晋升为该部门的主管。

自愿接手上司不那么感兴趣做的事，如代其出席会议或发表演讲、筛选简历、出差，等等。

当客户提出你闻所未闻的要求时，不要囿于条条框框的公司政策，一心想着不能这样不能那样，而要集中精力从你力所能及的方面去帮助这位客户。

其中包括仔细聆听、调查实际情况、提出某种解决办法。为了帮助客户，在必要的情况下，冒点风险也无妨，但需事先对风险进行合理的预估。这样，客户不仅可能再次惠顾，而且很可能会同其他人分享其在此过程中的美好经历。

做一个能让他人有所指望的人，接受挑战，完成任务。抓住机遇，伸出援助之手，及时给出建议，制订计划，然后好好执行计划。必要时，积极向他人求助。对于你所执着的工作，要主动，要不断跟进，直到圆满完成。

以创新精神迎接挑战

经常有这样的情况：某项工程、任务或责任一开始似乎是不可能完成的，但你若认真对待，积极探索，就会意外地发现自己竟然能为之做到这么多。

有些员工（和公司）正是在接受了看似不可能成功的挑战后，才发现自己取得了最了不起的成就。在约翰斯维食品公司（Johnsville Foods），有一次，管理层险些谢绝了一位客户的订购，原因是若要完成这项订购，他们必须在短期内实现产量的突破。不过他们没有这么做，而是把这一困难反馈给所有员工，召集各团队出谋划策，后来他们果然想出了妥善的办法，在规定期限内完成了订单。因为公司全员同心协力迎接挑战，公司的生产能力在比预期更短的时间内创了新高,这不得不说是一项意外的收获。

艾米冰淇淋公司(Amy's Ice Cream)的办事处位于得克萨斯州的州府奥斯汀,有一次,那里的职位申请表正好用完了,一位思维敏捷的员工便递给余下的每位申请者一个空袋子,并让他们用这个袋子做出点新鲜事。这一头脑风暴式的要求,使应聘者得以展现出他们的创新能力和娱乐他人的能力——这些特质对该公司来说是十分重要的。随后不久,"袋子测试"就成为了面试中的一个标准环节。

你若仅仅关注事情为什么无法完成,是不能取得什么成绩的。相反,你必须关注你所能做的事以及该如何完成这些事。要激发你的思维,打破陈规去尝试各种不同的组合和策略,运用鱼骨思维去思考问题,即:从一个计划出发,同时处理多个问题,找到一连串的解决方案。

不妨在餐厅的墙面上贴上一页活动白纸,将问题写在纸片上方,留白处可供任何感兴趣的人写下想法、建议和解决办法。

寻找问题中积极的一面

每一个问题都有积极的一面，都潜藏着让你闪光的机会。

若在工作中遇到问题，请不要即刻端起消极的态度，将其抛给上司或其他人去解决；而是要确定问题将会带来的影响，思考其为何会发生，是否曾发生过。检视一下引发问题的环境因素以及这些因素如何随时间而变。另外，想象这一问题未来好转或恶化的可能性分别有多大。然后想一想你怎样才能转危为机。

当位于新泽西州帕特森市的机械服务公司（Machinery Service Corporation）出现 U 形不锈钢螺栓短缺时，其供应商——位于哈肯萨克市的快扣公司（Fastenal Company）公司的一位员工基思·格里夫斯很好地抓住了这一展现自己应变能力的大好机会。午夜两点，他驱车前往宾夕法尼亚州斯克兰顿市的公司总部，并亲自在早晨六点半为机械服务公司派送出螺栓。此举深深地赢得了机械服务公司的满意，双方随后有了更多的业务往来，且合作关系也一直稳步持续至今。

新西兰的一个政府机构在一次宣传手册印制中将一个电话号码弄错了，更糟糕的是，手册已被发送到全国民众的手中。结果在 CLEAR 通信公司（错误号码的机主），呼叫蜂拥而至，以致员工们都一头雾水、不知所措。但有位销售人员非常聪明，他即刻想到了化问题为机会的办法：索性把这个号码卖给该政府机构。如此，不仅双方的问题得到了解决，CLEAR 公司还从他人的失误中为自己创造了一笔收入。

位于美国福蒙特州柏林顿市的犀牛食品公司（Rhino Foods Company），是本杰瑞冰淇淋公司（Ben

& Jerry's)①的巧克力曲奇饼供应商。几年前，该企业经历了一次业绩滑坡，按计划本要裁掉 25％ 的员工。但有些员工不甘心就这样被裁掉，于是主动提出了一个转危为机的方案：即在本地其他公司临时需要人手时，在员工中组织一些志愿者去做临时工。

公司采纳了他们的提议，并对员工因志愿工作所致的薪水缩减进行了补偿——员工们就这样保住了自己的饭碗。人力资源部的负责人马琳·戴利说道："员工们的这项提议使即将恶化的境况发生了积极性的转变，并且增强了整个团队的凝聚力。"

在消极的境况中，请寻找积极的元素。退一步，海阔天空，你能由此看得更远。另外，请广泛征集各种想法和主意，对它们一一评估，从而确定最好的行动方案，并看看整个方案中哪一部分是你所能做的。

---

① 本杰瑞冰淇淋公司是全美第三大冰淇淋公司，由本·科恩（Ben Cohen）和杰丽·格林菲尔德（Jerry Greenfield）创办，其产品以口感香醇和口味新奇闻名。——编者注

做一名行动者！与其对形势进行过多的分析，不如果断行动。这样你才能更有所作为，才能提升自己的处事技巧和判断力。

当盖尔·赛托被位于安大略多伦多市的 GAP 集团①分公司聘为经理助理时，她注意到一半以上常见于普通门店的问题不能在公司的政策和规程中找到解决方案。于是，她主动起草了一份简明扼要的培训手册，将其用作经营 GAP 门店的快速指南。这本小册子经改编后成了适用于加拿大所有 GAP 门店的指南。自那时起，管理层就开始经常

---

① GAP 集团是美国最大的服装公司之一。1969 年创建时，它只有屈指可数的几名员工。而现在，它是拥有 3 个品牌（GAP、Banana Republic、Old Navy）、4200 多家连锁店、年营业额超过 130 亿美元、员工达 16.5 万人的跨国公司。——编者注

对盖尔委以重任，不久后她就获得了晋升。

凯瑟琳·贝茨有两个孩子，她和另一位妈妈一起在马萨诸塞州政府里轮岗。有段时间，她很担心自己会失业。于是，她利用业余时间仔细钻研该州的医疗补助条例及联邦公众服务纲领。在这个过程中，她发现有一种巧妙的会计方法，能使该州从联邦政府那里得到更高额度的补偿，为州政府带来了 4.89 亿美元的意外收获。为此，她获得了 1 万美元的现金奖，还受到了政府官员的诚挚感谢。

有一位员工这样描述自己在工作中所扮演的角色："我就像某种催化剂一样，一直坚定地在自己身上、在公司内、在社会中寻求变化。这意味着我一直在努力从长远角度思考我和他人的行为可能产生的影响。我为了争取双赢局面四处游说。我的公司觉得我是个可靠的人，能坦承自己的看法，能提出问题，能给出建议，尽管我的本职工作中并不包括这些。"

积极采取行动吧，不要认为任何不良状况发生时管理层都必定会知道，必定能解决。事实上，管理层很少能亲力亲为。当变化蔓延到公司的各个层面,管理层可能会变得更加束手无策。所以说,干等着管理层的关注在某种程度上无异于招灾惹祸,结果可能是失去客户,失去工作,甚至失去企业本身。

再深思熟虑的计划最终也
要通过行动才能实现。

直面那些棘手的困难,现
在就行动起来! 做一个值得信
赖的"能办事"的人。

敬告！
为自己的作为和不作为负责

为你自己负责，为你的作为负责；不错，还要为你的不作为负责。把自己应该承担的责任和义务当回事，但不要太把自己当回事。犯了错误，就坦白承认，然后从中吸取经验教训。

对着镜子，扪心自问："我说到做到了吗?""我听取同事的建议了吗?""我收集到的资料齐全吗，包括正反两面吗?""我广泛听取他人的建议了吗?""我的工作已经做到最好了吗?"等。

做一个言而有信的人。要带着责任感去履行自己的承诺。即使出现万不得已的情况，使你不得不背弃当初的计划或承诺，你也要先顾及被承诺者是否可以接受。

如果你要参加会议，那么就做一个积极的参与者。如果你有想法、见解或问题，那就大声说出来！不要指望别人能够读懂你在想什么。用一切你力所能及的方式来帮助你的团队。你投入得越多，就越能更好地利用你和他人的时间。

要积极主动地接受任务、参与项目并承担更多的责任。当问题出现时，要主动伸出援手，寻找解决方案。自愿接手上司不那么感兴趣做的事；当客户提出你闻所未闻的要求时，不要囿于条条框框的公司政策，一心想着不能这样不能那样，而要集中精力从你力所能及的方面去帮助这位客户。

第三篇　如何实现终极期望：思考、准备、行动、坚持

做一个能让他人有所指望的人，接受挑战，完成任务。对于你所执着的工作，要主动，要不断跟进，直到圆满完成。

某项工程、任务或责任一开始似乎是不可能完成的，但你若认真对待，积极探索，就会意外地发现自己竟然能为之做到这么多。你若仅仅关注事情为什么无法完成，是不能取得什么成绩的。相反，你必须关注你所能做的事以及该如何完成这些事。

每一个问题都有积极的一面，都潜藏着让你闪光的机会。若在工作中遇到问题，请不要即刻端起消极的态度，将其抛给上司或其他人去解决；而是要确定问题将会带来的影响，思考其为何会发生，是否曾发生过。想一想你怎样才能转危为机。

做一名行动者！与其对形势进行过多的分析,不如果断行动。这样你才能更有所作为,才能提升自己的处事技巧和判断力。

不要认为任何不良状况发生时管理层都必定会知道,必定能解决。事实上,管理层很少能亲力亲为。干等着管理层的关注在某种程度上无异于招灾惹祸,结果可能是失去客户,失去工作,甚至失去企业本身。

坚持
不轻言放弃

即使你找到了思路，获得了机会，研究出了最好的策略，并且采取了恰当的行动，你仍然可能遇到种种障碍。如何应对这些障碍会在很大程度上决定你能否最终取得成功。决定你究竟是仅能提出问题和想法的人，还是能按照想法行动起来、抓住机遇、解决问题的人。

那些敢作敢为的人的想法中都带着信念和激情，因此不论遇到怎样的挫折和障碍，他们都能有动力一直向前，直至将想法变成现实。他们绝不，也从不对自己坚信的东西轻言放弃。

当你的想法遇到意外的困难和阻力时，切不可就此动摇，而要停下来重新评估你的各项选择，找到其他的方法来将你坚信的这个想法推进下去。

在加利福尼亚州圣塔莫尼卡的星巴克门店内，有一位名叫蒂娜·坎皮恩的员工，她新调制了一种冰咖啡饮品，认为顾客会喜欢，并给它起了个绰号叫"星冰乐"。但公司不认可这一新产品，不允许她在星巴克门店内出售。

但她并未就此止步，而是继续将饮品卖给客户，并向上司递交了当月的销售报告，报告显示此饮品是最受客户欢迎的产品之一。

后来她接到了星巴克集团首席执行官霍华德·舒尔茨的来电，霍

83

第三篇 如何实现终极期望：思考、准备、行动、坚持

华德在电话那头感谢她曾无视他的命令。此后，星冰乐开始在全美热卖，仅在推出的第一年里就为公司赚了1亿美元。

当然，你不会希望与上司唱反调成为你的习惯，但有些时候，你若能确信某项行为会为公司带来益处、带来更大的成功，那么就不妨坚持自己的信念，即使你知道这样做可能会遭到斥责，甚至丢掉工作。

如果你的想法在实施过程中陷入困境停滞不前，那就重新审时度势吧。把注意力集中在新的可能性上，征求同事的意见，让他们也帮你好好想想。务必事先做好功课，这样你才能确定实现这个想法还需要哪些其他资源、这个想法实现后能为公司节约什么。在难以推进的情况下，要对你的想法进行新的阐述，对实施方案进行修正。

尊重上司的时间，不要有事没事都去找他。

如今，大部分上司都明白自己应该鼓励员工前来交流工作心得，但是有时他们并不太愿意这样做。做一个聪明的员工，学会选择最恰当的时机与上司交流，并事先做好充分的准备。

乔赛亚是一位住房抵押贷款方面的专家，供职于一家世界五百强银行，他想设计一份弹性工作时间表，管理层尽管听了他的想法，但对此并不热衷。当一位新的首席执行官上任以后，乔赛亚找机会向他提出了这个想法，并得到了实施该想法的许可。不久之后，该部门的很多其他员工也开始调整工作时间，结果公司的运作效率突飞猛进。

尊重上司的时间

第三篇　如何实现终极期望：思考、准备、行动、坚持

　　选择恰当的时间进行行动，甚至也包括在一天或一周里挑选一个最佳时机来提出你的想法，为你的想法征得许可。比如说，如果你的上司习惯于早晨打电话和回邮件，那你就不要在早晨去找他谈你的想法。你要尊重上司的日程安排，询问什么时间找他比较合适。

　　你的上司有很多事情要处理，他不需要你来为他增加工作。如果你遇到了问题，首先要尽力自己解决。如果非找上司不可，那也要尊重他的时间，就像你希望别人尊重你的时间一样。在和上司打交道的过程中，你所要提供的应该是关于某项行动的建议、可供选择的解决方案或关于某项决议的计划等。

你需要学会尊重上司的工作时间，尽可能地自己承担责任、解决问题。

当有必要和你的上司进行讨论时，最佳的沟通方式应该是：指出问题—提出方案—寻求建议。

把事情做好的标志是坚持不懈地克服阻碍大部分人前进的障碍，不断接近自己的目标。

玛德隆·库恩是 1—800 鲜花公司（总部设在纽约的韦斯特伯里）的一名员工。有一次，该公司有一单鲜花要送到夏威夷的约翰斯顿岛（Johnston Islands），但问题是员工们都没听说过这个小岛，更别说怎么把货送到那里了。在这一棘手的订单面前，玛德隆表现得无所畏惧，一步一步地完成了这个任务，充分展示了她坚持不懈的精神。

在只有邮政地址的情况下，她首先致电空军，找到了约翰斯顿岛的具体位置（该小岛属于圣诞群岛），然后比较了几种运送方案，最后决定让工作人员驾车将鲜花送至马其顿航空公司，再委托航空公司将鲜花送到岛上。

惠普公司的工程师查尔斯·豪斯因其超越本职的勇气和胆识获得了一枚"杰出反抗"勋章。因为他曾无视公司创始人戴维·帕卡德的命令，继续进行一项高端视频监视器的研发工作。尽管受到指责，他依然义无反顾，最后终于成功开发出了这种监视器。时至今日，该监视器不仅已在心脏移植领域得到了广泛的应用，还被美国宇航局（NASA）用来追踪载人登月的进程。

做一个勇于克服困难、迎接挑战的人，不要畏难而逃。如果某项行动出于成本原因被命令不得采取，那就寻求某种无需预算或额外资金的方法来实现目标；如果某些人很难对付，那就下决心把他们争取过来，跟他们维持最好的合作关系；如果你所属的团队没办法在限期内完成某项重要任务，那就集中精力于为完成该任务所需要做的事情，而不是总对任务不能完成的原因耿耿于怀。

如果某种方法不起作用，你还是要坚持目标，但可以进行点不一样的尝试。

以我为例，我的工作是帮助管理者和公司改善他们认可和激励员工的方式，我经常碰到的一个难题是如何说服最高管理层接受一项员工认可方案。

基于不同的因素，这类难题的解决方案也多种多样，但其中最重要的因素就是如何最好地说服这些最高管理者。如果他们需要调研结果，需要实证，那就提供给他们。如果他们需要成本—效益分析，那就进行成本—效益分析。如果内部试点项目能有助于证明计划的可行性，那就考虑进行一个试点项目。（不过所选择的项目要能产生积极的理想的结果!）

回顾一下该公司以往的成功计划，并思考它们是如何争取到许可及如何完成的：在实施过程中有没有专门成立一个团队来为紧急问题出谋划策？该计划是否获得了来自其他预算项目的经费？该计划是否得到了主管的支持？你也可以多参考一些其他计划，将它们视为成功典范，以便更好地实施你的想法。

对不同的人要用不同的劝说技巧，所以你说服他们的方式不能千篇一律。千人一面的方法或技巧不太可能在所有的环境中都起作用。就实现目标而言，你有越多的方法可以选择，你就越有望成功。

例如，我曾遇到过这样的情况，一些项目一开始得不到支持，但是当把它们和某项当务之急或公司的价值观挂钩后，就立马能顺利进行了。又或者，当部门经理或公司总裁看完关于这些项目的个人展示后，这些出师不利的项目也能逆转运势，得以推进。

如果某个你觉得有价值的想法一开始未被接受，那就等待更好的时机和环境。同时，进一步研究细节，争取支持，看看其他公司都是怎么做的，为把握更好的时机做充分的准备。

把别人不喜欢做的事情当成一种享受

善于做他人不喜欢做的事情，并从中获得快乐，可以为你成为职场英雄提供很多机会。

这些事情包括做会议记录、发表演讲、对付棘手客户等。所有这些工作都会增加你对团队的贡献，帮你获得同事的感激和高层的尊重。

做会议记录就是一个很好的例子。好像极少有人喜欢这项工作，然而它对集体工作的完成有着重要的帮助，因此是一项有用的任务。并且，它能给你机会，既能让你拓展自己在工作上的兴趣范围，也能影响后续的必需行动。

看简历似乎也是一项无聊的工作，但它能让你深入了解潜在的用人需求。如果你任职于销售部门，那就充满热情地主动给准客户打电话,或者敏捷地整理文件吧。对任何人而言,井然有序的工作环境永远都是一笔财富。

观察一下你的直属上司,主动要求接手他不愿意做的事情。除此之外,你还需要同样感兴趣于预算、采购、特殊任务小组以及其他任何可以帮助你学习和成长的机会,这些机会在帮助你学习和成长的同时,也可以帮助你提高自己在公司内部的受关注度。

敬告！
切忌互相指责

　　大多数员工只做别人特别要求他们做的事情。问题发生时，他们能快速听从上司、顺从政策。若他们的行为遭到质疑，他们最擅长的不过是互相指责，对周围的人，甚至对客户横加责备。这样做，不仅不能解决问题，还会因所蓄积的负面情绪使事情变得更糟。

　　相反，正确的做法是，在这种情况下要问自己："我本可以做什么来防止出现这样的问题？""我们可以从中学到点什么？"以及"我们如何才能同心协力地改善现状？"

　　借口是对事态无把握的人进行自我保护的第一块盾牌。对环境的抱怨常常会导致对他人的责备。当你发现自己在寻找借口时，要及时止住，尽快把注意力转向那些为改善形势所能做的事情中去。要有积极的心态，要有前瞻意识。

当你的想法遇到意外的困难和阻力时,切不可就此动摇,而要审时度势,停下来重新评估你的各项选择,把注意力放在新的可能性上,征询同事的意见,找到其他方法来将这个你坚信的想法推进下去。

你的上司有很多事情要处理,他不需要你来为他增加工作。如果你遇到了问题,首先要尽力自己解决。如果非找上司不可,那也要尊重他的时间。你可以在一天或一周里挑选一个最佳时机来提出你的想法,为你的想法征得许可。

在和上司打交道的过程中,你所要提供的应该是关于某项行动的建议、可供选择的解决方案或关于某项决议的计划等。

把事情做好的标志是坚持不懈地克服阻碍大部分人前进的障碍，不断接近自己的目标。做一个勇于克服困难、迎接挑战的人，不要畏难而逃。

如果某个你觉得有价值的想法一开始未被接受，你还是要坚持目标，但可进行点不同的尝试。等待更好的时机和环境，并且进一步研究细节，争取支持，为把握更好的时机做充分的准备。

对不同的人需要不同的劝说技巧，所以你说服他们的方式不能千篇一律。

善于做他人不喜欢做的事情，并从中获得快乐，因为这些工作会增加你对团队的贡献，帮你获得同事的感激和高层的尊重。

Please Don't
Just Do What I Tell You,
Do What
Needs to Be Done

第 **4** 篇

实现终极期望会遇到哪些障碍
职场中普遍存在的顾虑

不等吩咐，主动做需要做的事情
包括冒一些风险。
据我所知，多数人都不愿承担风险，
而倾向于稳打稳扎。
我发现，我们之所以不太愿意主动
采取行动，一般是因为恐惧、
挫折和失败。

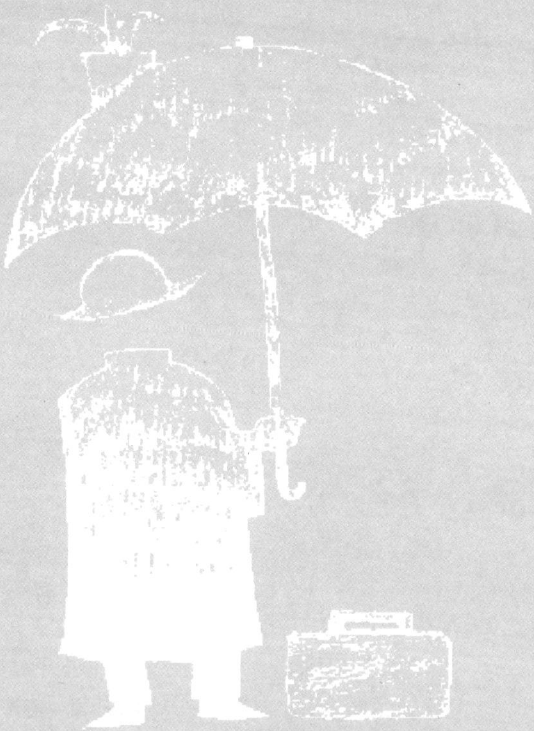

「我要是出错了怎么办」

我宁愿你会出错！事实上，我宁愿你会出很多错！错误可以让你从中学到很多，你若从不犯错，那么你可能还有许多需要学习的东西。错误能让你变得更坚强，从而让你有能力做更多的事情。

毫无疑问，没有人愿意自己被人看成笨蛋，但能直率地说出自己意向的人是很少会受到责难的，只要这些意向是好的，是为了公司的利益。

尝试新事物的风险是什么呢？是要花费时间、付出努力、遇到阻碍，还可能遭到拒绝。但是，不尝试的风险又是什么呢？是错失各种迈向成功的潜能——走出困境的潜能、获得自身成长的潜能、公司得到发展的潜能。

直面你的恐惧，问问自己最糟糕的结果可能是什么，然后用你的行动将这一可能性降到最低。

每个人都惧怕失败，但成功的人能学会将恐惧转化为行动，增加成功的可能性。为了成长，我们所有人都不得不付出最大的努力，如果你因为惧怕犯错而不去尝试，你就得不到学习和成长的机会，最终还是会失败。

请相信，你一定有能力从错误中汲取经验教训。通常来说，即使情况再恶劣，你还是能从中找到一些积极因素的。

一件事如果很容易,那它十有八九早就被其他人做好了。做好遇到阻碍也不气馁的心理准备。极少有想法一开始就能受到热烈欢迎。毕竟,如果这主意真的有那么了不起,两年前怎么没人去做呢?

努力让你的想法变得切实可行。进行点不一样的尝试,使你的想法朝着理想的方向前进。对如何做更好、如何做更糟、如何做没有效果进行合理的预估,然后多做那些能带来成效的工作。利用你以往的成功为自己制造更大的进步。

此外,你还需记住一点:无需一下子做完所有的事情。你可以先有个想法,再与他人交流你的想法,然后列出一张清单,开展一些试点项目,最后再总结整理出一份建议,提交给主管。换句话说,把艰难的工作分割成一块块小而易行的任务,事情就会变得容易得多。

104

「我担心会被炒鱿鱼」

当然，没有人希望自己失业，但有时候，你可能会遭遇比失业更糟糕的事情（尽管现在你可能不会这么想）。

比失业更可怕的是你不能掌控自己的人生，被困于自己不喜欢的工作中。你若要担心，请担心自己在浑浑噩噩地度日，担心自己的洋洋自得，担心自己正活在他人的意志下。

我有一个朋友，他在第一份工作中就攒够了他三个月所需要的开销，这样不管做什么工作，只要他觉得不适合自己，就能洒脱地放弃，然后重新选择。

我们经常会因为拿到一张支票而感到安心，其实这种所谓的安全感不过是一种假象。如果你没有不断地学习,不断地成长,不断地鞭策自己倾尽全力,将来你迟早会面临失业。

如果在目前的工作中,你已经提升了自己的技能和身价,那么,当你需要跳槽时,比起阻碍你冒险的恐惧心理,换工作会显得没那么痛苦。

防止他人对你的工作不满意的最佳策略是,事先确定你所做的工作与上司、部门乃至公司的需求息息相关,并对他们具有重要意义。

人们首先得犯错，才能从中获得成长、积累经验，并由此使自己的价值得到提升。

如果因为恐惧而畏缩不前，那就失去了赢的可能性。

挫折

"我的职权不够"

很少人有足够的职权去做为改善现状而必须做的所有事。如今一个人能拥有的最好的权限并非由其职位所赋予，而是产生于其以往的成功及其对人对事的影响力。

权限与其说是一种馈赠，不如说是一种担当。如果你敢于在为公司追求最大利益方面有所担当，你就会自然而然地被赋予更大的空间来发挥你的首创精神。

你可以争取不同层次的权限，但层次越高，风险就越大——你可以斩前先奏，也可以先斩后奏，甚至可以斩后也不奏。不过，让上司对你的工作有所了解总是明智的，因为没有人喜欢令人不快的出其不意。

你拥有的权限越高，将公司的

利益处理得越好,你所主张的行动就越易于得到许可。

能力是随着你的作为而增长的,你干得越多,就越能干。

我得不到支持

你不太可能遇到一位能公开支持你的一切想法和做法的上司。相反，你必须通过自己的行动，在时间的沉淀中赢得上司的支持。

也许你曾经因为擅自行动受到上司的责骂。尽管这种责骂让人窝火，让人感到无助，但是请不要绝望。帮助你的上司发现你要做的事情是有价值的，使他相信你的精心准备、细致计划和持之以恒会带来好的结果。在这个过程中，你还要努力让上司和整个部门看起来充满活力。

在公司内，最好是在现行的体系、过程与步骤中，争取他人的支持。

如果上司对你进行"微管理"，即关注你工作的每一个细节，制约你行动和思想的自主性，那么他可能会让你觉得通过行动改善现状是件难事。要改变这种局面，首先就要尽力弄明白上司为什么会这样。他对每个人的管理都是如此吗？这是否是他的职能或情绪所致？在这种情况下，不妨与你的上司进行沟通，谈谈应该如何改变现状，赋予你更大的发挥空间。

员工常常不能意识到，上司的行为是对员工以往行为的响应。毕竟，如果你从不曾证明自己能主动积极地做好一件事，又如何指望上司相信你会一举成功呢？

工作中的想法也好，人生中的梦想也罢，只要你相信所要做的事情是值得的，那就克服困难，坚持下去。

114

「我缺乏技能」

大多数技能都是在目前的工作中慢慢发展出来的。这些技能包括个人效率、交际技巧、技术专长以及团队合作能力。为取得成功，你要有计划地全面发展各种必需的技能。

调查一下你可以参加公司内哪些培训项目，如对语言技能、计算机技能的培训等。如果公司内没有这类项目可供你参加，那就看看能否得到许可，去外面参加能提高你工作技能的培训班或研讨会。

如果你不主动地去发展这些技能，你就永远不会拥有它们。就像许多其他事情一样，你做得越多，就越能轻车熟路。将工作当成检验这一真理的实验吧。此外，不断探索可以帮助你完成工作的新方法、好方法，你的生活将变得更加富有激情。

「我也主动过，却失败了」

人们往往看不到失败中蕴藏的力量，尤其是在失败的那一刻。但如果你能从中吸取教训，失败的确会让你变得更加强大。

吸取教训并不意味着告诫自己："我再也不能陷入那种境况之中了！"而是应该问一问自己："下次我该怎样做才不会重蹈覆辙？""我应该让谁参与进来？""有没有其他办法本可以帮我克服我所面临的那些障碍？"

犯了错误也无妨，重要的是从错误中学习。抽出一些时间来认真反思是哪里出了错，问问自己，也问问别人，看看你们本可以采取什么措施来防止此类错误的发生。如果同样的情况再次出现，你就得有所计划了。

第四篇　实现终极期望会遇到哪些障碍：职场中普遍存在的顾虑

就自己遇到的问题与他人交流时，要乐于接受他们的反馈和建议，并视之为一种馈赠，向赠送者表达感谢。你不用亦步亦趋地照着他人的建议去做，但身边有人帮你思考和评估行动方案，对你而言是一笔宝贵的财富。

正如俗话所说："不入虎穴，焉得虎子。"从本质上说，任何首创行为都离不开风险，都包含失败的可能性。如果你从来不犯任何错误，那你就不会有学习和成长的机会，也将难以有所建树。

对于你的想法,你越是有干劲,就越可能招来他人的异议。这些人可能会反对你的想法本身,可能会不认可你的执行方法,也可能会不同意你选择的时机,因为你可能已经对他们构成了威胁,或者他们觉得如果你成功了,他们自己会很难堪。不过你也要记得,别人在努力帮你考量计划、规避错误时,他们所给出的批评意见经常都是善意的。

时不时地,你得对付一些难相处的人物,每到关键之时,这些人都可能会成为你的绊脚石。有时,你很难明白他们为什么会这样,但你必须想方设法让他们对自己的行为和反对你的原因产生质疑,并在这种质疑中受益。

当你感到有人在反对你时,就

去与他沟通，去了解他。告诉他，你感激他为你所做的一切；询问他，你能为他做点什么。尽量考虑反对者所提出的建议，以此将他们的顾虑消减到最少。

尽最大努力经营好人际关系，如果你能做到这一点，那么在你今后的人生道路中，大多数人都将愿意与你同行。因为一旦感觉到了你的理解和支持，人们就会用信任和支持来回报你。

当然，有些人不喜欢自己的工作，也见不得别人好，因此会使出一些坏招。尽管如此，你最好还是信任和尊重他们，因为只有这样，你才有可能赢得他们的信任和尊重。

有些人不善于主动出击，他们不喜欢这样，而且觉得没有必要。而且，当他们尝试着去这样做时，他们常常不能成功。

如果碰巧你就是此类人，那么你得好好评估一下你的处境了。你要么找一个仅需按别人说的去做即能获得成功的工作，要么寻求一种更激烈的方式来打破你以往的行为模式。

有些人更喜欢按吩咐行事的工作，可能你也如此。如果真是这样，那你得挑选一个高度结构化、高度规范化的工作环境，和一个行事传统的上司。不幸的是，你的职业发展会受限于这种力求安稳的人生观。

另一种选择就是放弃这种求稳

的处世方法，彻底地改变自己，成为"负责型"人物。为此，你可以报名参加戴尔·卡内基训练，也可以加入头马演讲俱乐部（Toastmaster Club），还可以考虑通过参加一些行业协会扩大自己的社交圈。

另外，你也需询问自己："我所做的工作及所服务的公司适合我吗?"若你总觉得自己难以实现职位的期许，难以履行相应的责任，就代表着你不适合这份工作，或者不适合待在这家公司。

你所选择的环境应该能最好地认可你以及你的价值观、技能和禀赋。因为，一个能为你提供支持的工作环境是你获得事业成功的重要基础。

如果事情没有朝着预期的方向发展，那么你自身一定还存在做得不够好的地方。

面对失败，请不要再告诫自己："我再也不能陷入那种境况之中了！"而是应该问一问："下次我该怎样做才会不一样？"

错误可以让你从中学到很多，它能让你变得更坚强，从而让你有能力做更多的事情。

尝试新事物的风险是要花费时间、付出努力、遇到阻碍、遭到拒绝。但不尝试的风险是错失各种迈向成功的潜能。

直面你的恐惧，问问自己最糟糕的结果可能是什么，然后用你的行动将这一可能性降到最低。

一件事如果很容易，那它十有八九早就被其他人做好了。做好遇到阻碍也不气馁的心理准备，因为极少有想法一开始就能受到热烈欢迎。

无需一下子做完所有的事情。将你的想法拆分，然后分步实行。

失业固然可怕，但比失业更可怕的是你不能掌控自己的人生，浑浑噩噩地度日。如果你没有不断地学习，不断地成长，不断地鞭策自己倾尽全力，将来你迟早会面临失业。

权限与其说是一种馈赠，不如说是一种担当，而能力则是随着你的作为而增长的。很少人有足够的职权去做为改善现状所必须做的所有事。如今一个人能拥有的最好的权限并非由其职位所赋予，而是产生于其以往的成功及其对人对事的影响力。

员工常常不能意识到，上司的行为是对员工以往行为的响应。你不太可能遇到一位能公开支持你的一切想法的上司。相反，你必须通过自己的行动,在时间的沉淀中获得上司的支持。

大多数技能都是在目前的工作中慢慢发展出来的。这些技能包括个人效率、交际技巧、技术专长以及团队合作能力。为取得成功,你要有计划地全面发展各种必需的技能。

人们往往看不到失败中蕴藏的力量。如果你能从失败中吸取教训,失败的确会让你变得更加强大。吸取教训并不意味着告诫自己:"我再也不能陷入那种境况之中了!"而是应该问一问自己:"下次我该怎样做才不会重蹈覆辙?"

就自己遇到的问题与他人交流时,要乐于接受他们的反馈和建议,并视之为一种馈赠,向赠送者表示感谢。

对于你的想法，你越是有闯劲，就越可能招来他人的异议。当你感受到有人在反对你时，就去与他交谈，去了解他。告诉他，你感激他为你所做的一切；询问他，你能为他做点什么。尽量考虑反对者所提出的建议，以此将他们的顾虑消减到最少。

尽最大努力经营好人际关系，如果你能做到这一点，那么在你今后的道路中，大多数人都将愿意与你同行。因为一旦感觉到了你的理解和支持，人们就会用信任和支持来回报你。

你所选择的环境应该能最好地认可你以及你的价值观、技能和禀赋。因为，一个能为你提供支持的工作环境是你获得事业成功的重要基础。

Please Don't Just Do What I Tell You, Do What Needs to Be Done

第 **5** 篇

终极回报
职场中普遍存在的顾虑

生活就像一艘船，任何时候人们其实都有机会登上它，
但有很多人因为想等待成熟时机的到来而与它失之交臂，
无法主宰自己的人生。
要获得成功，要将我们的才华发挥得淋漓尽致，
我们每个人都得自信行事，做出一番成就。
我们最终还是在为自己工作，
你自己才是人生航船的舵手，
唯有你自己才能决定你的想法和行动。

以前我总相信只要我努力工作，做好上司让我做的事情，生活就会以成功回馈我。但是，年轻时在7—Eleven当收货员的经历让我发现，仅有这样的态度是远远不够的。要获得成功，要将我们的人生发挥得淋漓尽致，我们每个人都得自信行事，做出一番成就。

　　如今我相信，生活中最大的错误就在于你觉得自己是在为他人工作。每天我都会提醒自己牢记以下这一点。

　　我们最终还是在为自己而工作。当然，为你发工资，为你分配工作，为你考核业绩的都是别人。但更重要的是，你自己才是人生航船的舵手，唯有你自己才能决定你的想法和行动。

　　有了想法就和他人交流吧，主动

去参加那些能带给你激情的活动。认识自己的优势和爱好，寻找一份能支持你，让你能施展抱负的工作。学会扬长避短，做你擅长做的事，从而将你的才能发挥到极限。

我们每个人身上都储藏着未被开发的潜能，但大多数人都在坐等他人来发掘自己，都在用某种方式等待别人告诉自己该做什么、该何时做。

在生活中，有的人不断从一份工作跳到另一份工作，却又总是一面不开心于手中的工作，一面又不知道该如何改变现状。

日复一日，我们按部就班地工作和生活着，认为只有这样才能得到保障，其实这不过是无谓的重复。在家，我们读读报，看看电视；在工作中，就走走过场，尽可能地小心行事，唯恐招来麻烦。

我们就像是永远只会等待起床号，却不会自己设定闹钟的人。

很多员工会抱怨，自己职业生涯中遇到的上司，四个里就有三个是差劲的。没错，我们都希望自己是幸运儿，能遇上为数不多的"好"上司，似乎只有这样我们的工作、事业乃至生活才能变得更有价值。

然而,事实并非如此。如果你想改变生活,那就从自己开始吧。自己做主,为自身的行为负责。不要寻找这样或那样的借口,而要寻找办事的方法,认真完成对你和雇主而言都有重要意义的工作。与志趣相投、精力充沛、努力生活的人们相伴而行。

不要理会那些既不懂你在意什么又对你的梦想没有兴趣的人;多接近那些能够给予你支持和鼓励并受你敬仰、能为你树立榜样的人。

从实现自身改变开始,努力做一名成事者,并且记住这句话:"要做,就从我开始。"

你的思想决定了你的自信程度及状态,因而以真实而直接的方式影响着你的行为。

不要等待别人来安排你的工作,自己亲自去看看有什么事情需要做。学会聆听,学会学习,学会形成自己的立场,学会提出建议,学会自主行动。最重要的是,言必信,承诺了就一定做到,不是第五次,不是第二次,而是第一次就要如此。做一个诚信的人,让别人觉得你办事稳妥,无需三番五次地来提醒和催促。领先

一步发现周围人(上司、同事、客户等)的需求,并为了
这些需求进行必要的行动。

把解决方案而不是问题带到上司面前,同时带去
将方案付诸行动的充沛精力。

生活就像一艘船,任何时候人们其实都有机会登
上它,但却有很多人因为想等待成熟时机的到来而与
它失之交臂,无法主宰自己的人生。现在就开始努力
寻求改变吧,就从眼前的工作开始,不必等到下一份。
现在就行动起来,而不是等到你终于觉得自己有时间
的那一天。

实现梦想,绝不拖延。尽己所能地明确你的目标
并牢牢抓住它,燃烧你的激情。这样,你不仅对于雇主
具有无上的价值,对自己亦是如此。

用你的首创精神来引领他人,接受挑战,争取做到
最好。行动胜于言语,不行动就没有发言权。

多数人总是多言少行,但你要成为一个例外,做一
个因积极行动而被人知晓的人。做到了这一点,你不
仅能收获良好的技能和品格,变得更受欢迎,还能发现
生活更深层的价值。

你所面临的风险不在于冒险对新事物进行尝试，而在于不作为和对自身能力的无意识，在于成为一个碌碌无为的平庸者，成为一个只会出现在那里等别人吩咐工作的人。

你当不起平庸者——你的雇主也雇不起碌碌无为的员工！

请时刻充满活力！对终生追求的事业要有永不泯灭的激情。要不断地思考如何做才能实现自己的追求。要用执着的热情串联起一天天富含行动和作为的日子。要让自己每一刻都保持精力充沛。

不要受制于环境的影响，而要去影响环境。你可以改善境遇，可以掌控自己的命运。你的未来在等待你去创造。"不要只做我告诉你的事，请做需要做的事"，记住这句话，带上它去用自己的双手打造明天。

我所告诉你的

a. 在便条上罗列出已寄送的材料

b. 给客户寄包裹

c. 跟踪一位潜在客户

d. 离开时关灯

e. 询问别人的想法

f. 发出一份合同

g. 对付一位紧张的客户

h. 观察某个问题

i. 提交一份建议

j. 确认一项价格

k. 选择一个供应商

l. 处理两个员工之间的矛盾

m. 列过期未付账款列清单

n. 我们的经费在增加

o. 销售业绩在下降

需要你去做的

A. 起草并将便条打印出来,让我过目

B. 跟进以确定包裹已经送到

C. 发展客户,并将向我报告结果

D. 不要浪费电和钱

E. 把他们的回答分门别类,并提出建议

F. 跟进并解决所出现的异议

G. 解决问题,让客户开心

H. 解决问题并修正体系以免此问题再现

I. 对多种选择进行调研,让受影响者获益

J. 价比多家,并给出建议

K. 创建选择标准和竞标程序

L. 介入调停,促进双方更好地沟通

M. 想办法增加现金流

N. 帮公司降低成本

O. 设法为公司创收,帮助推进紧急销售项目

图书在版编目(CIP)数据

　　不要只做我告诉你的事,请做需要做的事/(美)尼尔森著;李贵莲译. —杭州：浙江大学出版社,2012.5
(2025.3重印)

　　ISBN 978-7-308-09720-8

　　Ⅰ.①不… Ⅱ.①尼…②李… Ⅲ.①人生哲学－通俗读物 Ⅳ.①B821－49

　　中国版本图书馆CIP数据核字(2012)第035921号

　　　Originally published in the United States and Canada as PLEASE DON'T JUST DO WHAT I TELL YOU (DO WHAT NEEDS TO BE DONE). This translated edition published by arrangement with Hyperion.

浙江省版权局著作权合同登记图字：11-2011-201

不要只做我告诉你的事,请做需要做的事

[美]鲍勃·尼尔森　著　李贵莲　译

策　　划	蓝狮子财经出版中心
责任编辑	何　瑜
出版发行	浙江大学出版社
	(杭州市天目山路148号　邮政编码310007)
	(网址：http://www.zjupress.com)
排　　版	杭州大漠照排印刷有限公司
印　　刷	浙江新华数码印务有限公司
开　　本	880mm×1230mm　1/32
印　　张	4.375
字　　数	60千
版 印 次	2012年5月第1版　2025年3月第12次印刷
书　　号	ISBN 978-7-308-09720-8
定　　价	22.00元
